Spooom!

DESSERTS ENVOÛTANTS

ANDREA JOURDAN

Spoom!

DESSERTS ENVOÛTANTS

Photographies de Philip Jourdan

Les Éditions Transcontinental

Mon cœur fait spooom !

Pour tous ceux
qui m'ont montré
le chemin du plaisir
des desserts
et la passion du vin.
Ils sont nombreux !

Magique, dopant, irrésistible !

Un spoom se mange et se boit pour le plus pur régal des gourmands.

Des flotteurs au *ginger ale* de mon enfance aux glaces que j'ai créées professionnellement – et que j'ai aimées passionnément – rien ne m'a autant émue qu'un spoom. Que je sois aussi amatrice de vins mousseux de toutes provenances a aussi contribué un peu, voire un peu plus encore, à ma décision de ranimer une recette ancestrale et de la transformer en un dessert du XXIe siècle.

Post-moderne dans sa composition-décomposition-recomposition, un spoom porte dans son être cette texture crémeuse-mousseuse qui émoustille. Un spoom est l'essence même d'une recette, celle qui nous amène toujours un peu plus loin, à faire un pas de plus à chaque coup de fouet. Le goût doit être étonnant et la texture, caressante. C'est le voyage des sens dans la gourmandise qui importe pour un vrai spoomer.

Spoom, c'est un mot qui a traversé les âges – au XVIIIe siècle, c'était sûrement un mot futuriste posé au milieu de menus d'ortolans farcis et de tourterelles au foie gras. Issu du délire d'un cuisinier à la recherche d'entremets sucrés pour surprendre des convives blasés ou donner un nouveau souffle à des gourmands finis, oisifs engourdis par des grandes bouffes mémorables, le spoom a, depuis ses origines, porté en lui la fête qui commence et l'élégance des plaisirs les plus fins.

Pour ceux qui cuisinent peu, c'est le dessert idéal : celui qui décoiffe, qui rend mémorable un dîner au départ simple.

Pour ceux qui ont l'habitude des fourneaux, c'est le compagnon parfait, celui qui se laisse manipuler, qui porte jusqu'aux extrêmes des goûts et qui impressionne nos convives.

Spoomers, tous à vos fouets !

Sommaire

Recettes de base

Wow ! ou plutôt

La vie en cuisine est pleine de surprises et de moments divins. Mais le plus grand plaisir vient du partage de ces petits moments de gourmandise.

Le spoom est entré dans ma cuisine alors que je rêvassais à un dessert léger, mousseux, élégant et revigorant. Et voilà qu'une passion de plus s'est mise à faire virevolter mon fouet de meringue en sorbet pour le plus grand plaisir de mes amis. Il a fallu établir des bases, essayer de multiples fois les nouvelles recettes et les adapter aux goûts de notre époque pour obtenir des recettes versatiles.

Dessert irrésistible auquel on ne parvient jamais à enlever l'élégance naturelle, le spoom est beau, enlevant, heureux, pimpant et… délicieux sous toutes ses formes et toutes ses déclinaisons. Et simple, en plus : il suffit de mélanger un sorbet ou une glace à de la meringue italienne et de couvrir le tout de vin mousseux pour que la fête commence.

Attention ! Vous concocterez votre premier spoom par curiosité, le second par plaisir et les suivants parce que vous ne pourrez plus vous en passer. Avec ses textures mousseuses, fraîches et effervescentes, le spoom ouvre toutes grandes les portes de la gourmandise.

Mais d'où vient donc ce spoom ?

Mystérieux entremets venu du fond des âges de la gastronomie ? Ancêtre mal connu ou oublié des sorbets modernes ? Élixir qui redonnait vigueur aux fins de nuits du XVIIIe siècle ? Ou simplement une recette malheureusement abandonnée au profit d'une glace ?

Un peu de tout cela. Et certainement la plus séduisante douceur que la langue puisse connaître ; la plus délectable sensation qui, une fois en bouche, fait remonter des petits frissons à la base de la nuque, et qui, une fois avalée, nous fait en redemander.

Cocktail à manger ou dessert à boire, le spoom est un entremets dont l'origine reste un peu nébuleuse. Et c'est ce qui lui confère une partie de son charme.

Pour le mot, on se réfère à *spuma* – mousse en italien – et au verbe anglais *to spume* qui représente bien la mousse qui couvre les vagues se jetant sur la plage. Mais spoom reste le mot parfait pour une célébration entre amis.

On sait cependant que le spoom a ravi les gourmets depuis plusieurs siècles. On le servait en entremets lors de dîners des siècles passés, un peu comme on sert un trou normand aujourd'hui, après les entrées et avant le rôti, pour rafraîchir l'estomac, comme on disait à l'époque.

Spoom!

Plus tard, le spoom a aussi fait partie des soupers fins qui étaient servis après minuit aux invités pour redonner un coup de fouet à la fête et repartir le party. De Londres à Paris, de Milan à Rome, on spoomait allègrement et le plus souvent possible. Le célèbre Escoffier avait lui aussi sa recette de spoom : « On ajoute à la composition de la meringue italienne en quantité double de celle du sorbet ordinaire, car ils doivent être très légers et mousseux. Les spooms se font aux jus de fruits mais le plus souvent aux vins comme : Champagne, Samos, Muscat, Succo, etc. On les dresse dans les verres, comme les sorbets. »

Le spoom est certainement la version originale du sorbet. Avant l'introduction des congélateurs et des aérateurs (pour obtenir des masses légères et aérées), on utilisait des sirops de fruits bien froids qu'on mélangeait à de la meringue italienne pour obtenir une texture mousseuse et rafraîchissante.

Grâce à la réfrigération moderne et aux nouveaux appareils de foisonnement, les sorbets et les glaces d'aujourd'hui sont faciles à fabriquer et se retrouvent aux menus de tous les jours. Le spoom s'est effacé des menus des grands soirs et s'est endormi... Longtemps oublié, peut-être était-il devenu si délicieux, si dopant, si troublant ce spoom qu'il a fallu qu'on le tasse au fond de vieux grimoires où sa recette devait dormir pendant un siècle.

Le revoici dans toute sa splendeur de la Grande Époque avec, en plus, les atouts de la cuisine moderne. Les sorbets sont stabilisés, donc faciles à utiliser ; les outils comme les fouets, maintenant motorisés dans toutes les cuisines ; et les fruits les plus exotiques, accessibles pratiquement toute l'année pour le plaisir des gourmets. Dans mes nouvelles recettes, le spoom a pris un virage plus proche de nos habitudes alimentaires. En dosant la meringue italienne de façon différente, on obtient des goûts plus soutenus et une texture plus stable.

On les appelât, jadis, des gourmets, ces snobinards et gentilshommes qui s'adonnaient aux délices d'un spoom ; aujourd'hui plus besoin d'être bien-né, d'avoir une particule attachée à son nom ou de porter médailles pour s'adonner au plaisir d'un spoom. Car le plaisir n'a pas d'habit particulier si ce n'est celui du bon goût.

Le moment est parfait pour le retour du spoom. Servi dans des verres, des tasses, des flûtes ou des pichets glacés, le spoom a toujours une classe folle. C'est à notre tour de nous laisser spoomer. Et comme il appelle à la convivialité, on ne dira plus *tchin-tchin !* ou *salute !*... on dira maintenant *spoom !*

Essayez de le crier, c'est encore plus amusant :

Spoom !

Spoom au menu

Toutes les cuisines devraient avoir le nécessaire à spoom.
Regardez dans vos armoires, vous avez sûrement ce qu'il faut.

- 1 fouet
- 1 batteur électrique ou 1 batteur sur socle
- 1 bol
- 1 petite casserole
- des verres pour servir

1. Placer le sorbet au réfrigérateur.
2. Faire fondre le sucre dans une casserole avec de l'eau.
3. Placer les blancs d'œufs dans un bol et fouetter.
4. Faire couler le sirop de sucre dans la meringue et fouetter jusqu'à refroidissement complet.
5. Au fouet à main, mélanger la meringue et le sorbet.
6. Transférer dans les verres pour servir.
7. Ajouter le vin mousseux et déguster !

TRUCS

Si vous possédez un batteur sur socle, lorsque la meringue est prête, transférez-la dans un bol. Placez le sorbet dans le bol du batteur et fouettez à grande vitesse quelques secondes pour le ramollir un peu. Ajoutez la meringue et mélangez à grande vitesse, juste assez pour l'incorporer. Cela permet au spoom de garder toute sa fraîcheur ainsi qu'une consistance parfaite.

Pour des spooms sans alcool, vous pouvez remplacer le vin mousseux par de l'eau pétillante, du soda tonique ou une boisson au gingembre.

Si vous utilisez une bouteille de vin mousseux et qu'il vous en reste après avoir rempli les verres, apportez la bouteille à table et remplissez les verres à mesure qu'ils se vident. Une petite rasade de vin mousseux est toujours bienvenue !

Spoom
AU CASSIS

Cassis et meringue,
un mariage sublime!

8 PORTIONS

1 recette de meringue italienne (page 141)
4 tasses (1 litre) de sorbet au cassis
2 tasses (300 g) de framboises fraîches
1 c. à soupe de sucre
3 tasses (750 ml) de vin mousseux

1. Préparer la meringue selon la recette.
2. Pendant ce temps, placer le sorbet au réfrigérateur pour qu'il ramollisse.
3. Écraser les framboises à la fourchette dans une assiette. Saupoudrer de sucre et réserver.
4. Lorsque la meringue est prête, ajouter le sorbet et mélanger rapidement.
5. Placer les framboises dans des bols ou des verres. Remplir aux deux tiers de préparation meringuée.
6. Remplir de vin mousseux et servir immédiatement.

Spoom
À LA MANGUE

La richesse de la texture de la mangue s'accorde à merveille avec la légère caresse du spoom.

4 PORTIONS

½ recette de meringue italienne (page 141)
2 tasses (500 ml) de sorbet à la mangue
2 mangues mûres, pelées et coupées en dés
3 tasses (750 ml) de vin mousseux ou de soda au gingembre

1. Préparer la meringue selon la recette.
2. Pendant ce temps, placer le sorbet au réfrigérateur pour qu'il ramollisse.
3. Lorsque la meringue est prête, ajouter le sorbet et mélanger rapidement.
4. Répartir les dés de mangue dans des coupes refroidies.
5. Remplir les coupes à moitié avec la préparation meringuée.
6. Verser le vin mousseux et servir immédiatement.

Spoom
AU CHOCOLAT ET À LA MENTHE

4 PORTIONS

½ recette de meringue italienne (page 141)
2 tasses (500 ml) de sorbet au chocolat noir
2 gouttes d'essence de menthe
3 tasses (750 ml) de vin mousseux

1. Préparer la meringue selon la recette.
2. Pendant ce temps, placer le sorbet au réfrigérateur pour qu'il ramollisse.
3. Répartir la meringue dans deux bols. Dans le premier, ajouter le sorbet et mélanger rapidement. Dans le second, ajouter l'essence de menthe et mélanger.
4. Dans un grand verre, verser une couche de préparation meringuée àu chocolat. Recouvrir délicatement d'une couche de préparation meringuée à l'essence de menthe.
5. Remplir de vin mousseux et servir immédiatement.

Jamais le mélange traditionnel de chocolat et de menthe ne vous aura semblé plus délicat. Ce dessert simple a décidément beaucoup de classe.

Spoom
À L'ITALIENNE

4 PORTIONS

½ recette de meringue italienne (page 141)
2 tasses (500 ml) de glace au café
3 c. à soupe de café espresso instantané non dilué
3 c. à soupe de marsala
3 tasses (750 ml) de vin mousseux

1. Préparer la meringue selon la recette.
2. Pendant ce temps, placer la glace au réfrigérateur pour qu'elle ramollisse.
3. Verser le café instantané dans une assiette.
4. Tremper le bord des verres dans la meringue, puis dans le café, en pressant légèrement et en tournant pour bien l'enrober.
5. Mélanger rapidement la glace au café et la meringue.
6. Répartir dans les verres. Ajouter un peu de marsala sur la préparation. Remplir de vin mousseux et servir immédiatement.

Sympa et frais, ce spoom rappelle un peu le tiramisu.

Spoom AUX CANNEBERGES

Le mordant de la canneberge
s'assagit devant
la douceur de la meringue.

4 PORTIONS

¾ tasse (180 ml) de jus de canneberges
1 c. à soupe de zeste d'orange
½ tasse (100 g) de canneberges séchées
½ recette de meringue italienne légère (page 141)
2 tasses (500 ml) de glace à la vanille
2 tasses (500 ml) de vin mousseux ou de soda au gingembre

1. Verser le jus de canneberges dans un bol. Ajouter le zeste d'orange et les canneberges séchées. Couvrir et placer dans un four à micro-ondes 2 minutes à allure maximale. Retirer et laisser refroidir.
2. Préparer la meringue selon la recette.
3. Pendant ce temps, placer la glace au réfrigérateur pour qu'elle ramollisse.
4. Lorsque la meringue est prête, ajouter la glace à la vanille et les canneberges égouttées. Mélanger rapidement.
5. Remplir les verres aux deux tiers avec la préparation meringuée. Ajouter le vin mousseux et servir immédiatement.

Spoom
AUX BLEUETS

Après avoir rempli les coupes de préparation meringuée, vous pouvez les placer au congélateur 10 minutes avant de servir afin d'obtenir une texture légèrement glacée.

4 PORTIONS

½ recette de meringue italienne légère (page 141)
2 tasses (500 ml) de sorbet aux bleuets
2 tasses (500 ml) de vin mousseux

1. Préparer la meringue selon la recette.
2. Placer le sorbet au réfrigérateur pour qu'il ramollisse.
3. Lorsque la meringue est prête, en réserver le quart dans un bol. Ajouter le sorbet au reste de la meringue et mélanger rapidement.
4. Remplir les coupes aux deux tiers avec la préparation aux bleuets. Garnir d'une bonne cuillerée de meringue nature réservée.
5. Remplir de vin mousseux et servir immédiatement.

Spoom
AU CARAMEL

La cuillerée de caramel
offre aux convives
une belle surprise sucrée
au centre de leur spoom.

8 PORTIONS

SAUCE AU CARAMEL
2 ¼ tasses (540 g) de sucre
¾ tasse (180 ml) de lait concentré non sucré
1 tasse (250 ml) de crème légère
1 pincée de fleur de sel

1 recette de meringue italienne légère (page 141)
4 tasses (1 litre) de glace au caramel ou de dulce de leche
1 tasse (250 ml) de sauce au caramel
3 tasses (750 ml) de vin mousseux

SAUCE AU CARAMEL
Dans une casserole à fond épais, faire fondre le sucre à feu doux jusqu'à ce qu'il soit légèrement doré. Ajouter le lait concentré et la crème en prenant garde aux éclaboussures. Mélanger à l'aide d'un fouet et cuire 5 minutes à feu doux. Ajouter la fleur de sel et retirer du feu. Laisser refroidir complètement.

1. Préparer la meringue selon la recette.

2. Pendant ce temps, placer la glace au réfrigérateur pour qu'elle ramollisse.

3. Lorsque la meringue est prête, ajouter la glace et mélanger rapidement.

4. Placer la préparation au fond des verres ou des bols. Ajouter une cuillerée de sauce au caramel au centre*.

5. Servir les verres aux convives et remplir de vin mousseux.

* Le reste de la sauce au caramel se conservera jusqu'à une semaine au réfrigérateur dans un contenant hermétique.

Spoom
AU CITRON MERINGUÉ

L'acidité du citron disparaît complètement dans le spoom et il ne reste que l'agréable parfum d'agrume.

8 PORTIONS

1 recette de meringue italienne (page 141)
4 tasses (1 litre) de sorbet au citron
2 c. à soupe de zeste de citron
3 tasses (750 ml) de vin mousseux ou de soda tonique

1. Préparer la meringue selon la recette.
2. Pendant ce temps, placer le sorbet au réfrigérateur pour qu'il ramollisse.
3. Répartir la meringue dans deux bols. Mettre le sorbet et le zeste de citron dans un des bols et mélanger rapidement.
4. Transférer la meringue restante dans une poche munie d'une douille cannelée.
5. Remplir les verres à moitié avec la préparation au citron. Dresser la meringue nature à l'aide de la poche. Faire dorer rapidement le dessus à l'aide d'un chalumeau de cuisine*.
6. Remplir de vin mousseux et servir immédiatement.

* Si vous n'avez pas de chalumecu, vous pouvez servir ce spoom avec la meringue sans la faire dorer.

Spoom
AUX FRAISES TAGADA

4 PORTIONS

1 recette de meringue italienne légère (page 141)
2 tasses (500 ml) de sorbet aux fraises
1 goutte de colorant rouge
8 oz (250 g) de fraises Tagada*
2 tasses (500 ml) de soda tonique ou de vin mousseux

*La fraise Tagada est une confiserie qui a l'apparence d'une grosse fraise rosée bien gonflée légèrement recouverte de sucre fin.

1. Préparer la meringue selon la recette.
2. Pendant ce temps, placer le sorbet au réfrigérateur pour qu'il ramollisse.
3. Mettre le tiers de la meringue dans un bol. Ajouter le colorant et mélanger à la fourchette pour faire un marbré.
4. Ajouter le sorbet ramolli au reste de la meringue et mélanger rapidement. Incorporer les fraises Tagada et en réserver quelques-unes pour la garniture.
5. Remplir des verres à moitié de la préparation aux fraises. Couvrir de meringue marbrée. Garnir avec quelques fraises Tagada.
6. Remplir les verres de soda tonique et servir immédiatement.

Un délire de plaisir
pour les fêtes d'enfants...
et pour les grands.

Spoom
AU CHOCOLAT LIÉGEOIS

4 PORTIONS

½ recette de meringue italienne (page 141)
2 tasses (500 ml) de glace au chocolat
1 tasse (250 ml) de crème à fouetter
½ c. à thé (½ c. à café) d'essence de vanille
1 c. à soupe de sucre
3 tasses (750 ml) de vin mousseux

1. Préparer la meringue selon la recette.
2. Pendant ce temps, placer la glace au réfrigérateur pour qu'elle ramollisse.
3. À l'aide du batteur électrique, fouetter la crème avec la vanille et le sucre pour obtenir une crème Chantilly.
4. Lorsque la meringue est prête, ajouter la glace et mélanger rapidement.
5. Transférer la préparation meringuée dans de grands verres. Garnir de crème Chantilly.
6. Arroser de vin mousseux et servir immédiatement.

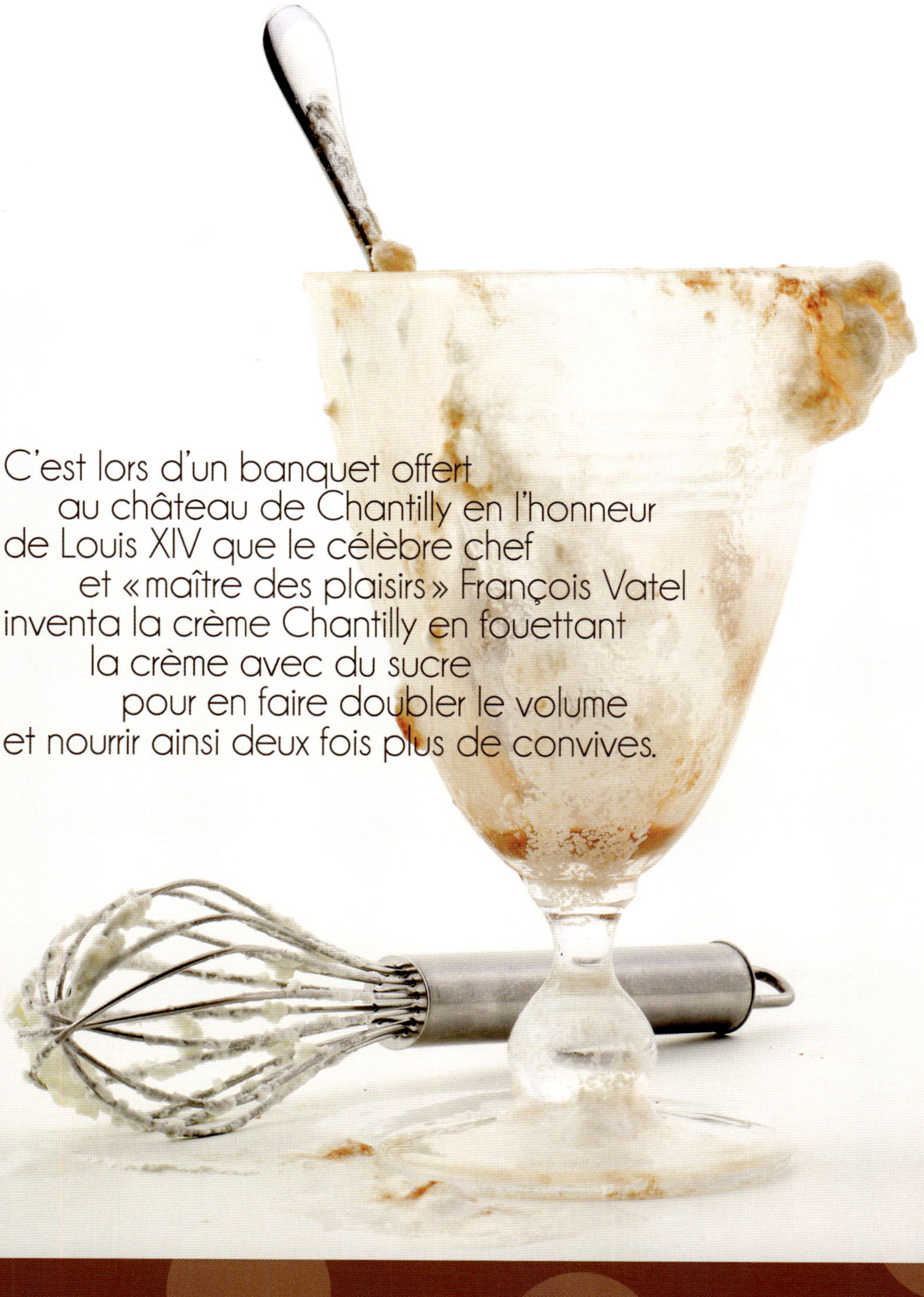

C'est lors d'un banquet offert au château de Chantilly en l'honneur de Louis XIV que le célèbre chef et « maître des plaisirs » François Vatel inventa la crème Chantilly en fouettant la crème avec du sucre pour en faire doubler le volume et nourrir ainsi deux fois plus de convives.

Spoom ESTIVAL

L'été passe si vite...
profitons des petits fruits
pour embellir le spoom.

4 PORTIONS

2 tasses (500 ml) de poudre pour gelée dessert au citron
2 tasses (300 g) de bleuets
1 recette de meringue italienne (page 141)
2 tasses (500 ml) de sorbet aux mûres ou aux framboises
16 mûres
3 tasses (750 ml) de vin mousseux rosé

1. Préparer la gelée dessert au citron en suivant les instructions inscrites sur l'emballage. Laisser refroidir quelques minutes. Verser dans les verres. Ajouter les bleuets et réfrigérer au moins 6 heures, jusqu'à ce que la gelée soit prise*.
2. Préparer la meringue selon la recette.
3. Pendant ce temps, placer le sorbet au réfrigérateur pour qu'il ramollisse. Piquer les mûres sur des piques.
4. Lorsque la meringue est prête, ajouter le sorbet et mélanger rapidement.
5. Garnir les verres qui contiennent la gelée au citron à moitié avec la préparation meringuée.
6. Remplir les verres de vin mousseux et servir avec les petites brochettes de mûres.

*Pour une présentation intéressante, inclinez légèrement les verres et remplissez-les à moitié de gelée au citron. Laissez prendre au réfrigérateur et poursuivez ensuite avec le reste de la recette.

Spoom
ANANAS, RHUM ET VANILLE

4 PORTIONS

1 gousse de vanille
½ recette de meringue italienne (page 141)
2 tasses (500 ml) de sorbet à l'ananas
½ tasse (125 ml) de rhum blanc ou brun
3 tasses (750 ml) de vin mousseux ou de soda tonique

1. Fendre la gousse de vanille en deux sur la longueur. Racler l'intérieur pour retirer les graines. Réserver la gousse et les graines séparément.
2. Préparer la meringue selon la recette en ajoutant les graines de vanille.
3. Pendant ce temps, placer le sorbet au réfrigérateur pour qu'il ramollisse.
4. Placer la gousse de vanille dans une casserole avec le rhum. Porter à ébullition. Retirer du feu et laisser refroidir.
5. Mélanger le sorbet avec les trois quarts de la meringue.
6. Verser le rhum dans les verres refroidis. Remplir les verres à moitié de préparation meringuée à l'ananas. Garnir avec le reste de la meringue.
7. Remplir les verres de vin mousseux et servir immédiatement.

Ce spoom,
qui rappelle
le soleil des îles,
termine bien
un repas entre amis.

Spoom
À L'AMÉRICAINE

Un vrai dessert d'automne
qui saura plaire
à toute la famille.

8 PORTIONS

¼ tasse (50 g) de beurre non salé
4 pommes en dés
½ tasse (120 g) de sucre
1 c. à thé (1 c. à café) de cannelle moulue
1 recette de meringue italienne (page 141)
4 tasses (1 litre) de sorbet aux pommes
3 tasses (750 ml) de cidre mousseux

1. Faire fondre le beurre dans un poêlon. Cuire les pommes, le sucre et la cannelle 5 minutes à feu doux. Retirer du feu et laisser refroidir complètement.
2. Préparer la meringue selon la recette.
3. Pendant ce temps, placer le sorbet au réfrigérateur pour qu'il ramollisse.
4. Lorsque la meringue est prête, ajouter le sorbet et mélanger rapidement.
5. Transférer les pommes cuites dans des bols ou des tasses. Couvrir de préparation meringuée.
6. Arroser de cidre mousseux et servir immédiatement.

Spoom
AUX CERISES

Les cerises cuites au kirsch
créent un délicieux contraste
avec la légèreté du spoom.

6 PORTIONS

2 tasses (300 g) de cerises fraîches, dénoyautées*
½ tasse (120 g) de sucre
¼ tasse (60 ml) de kirsch
1 recette de meringue italienne (page 141)
2 tasses (500 ml) de sorbet aux cerises
3 tasses (750 ml) de vin mousseux

1. Dans un poêlon, cuire les cerises et le sucre 8 minutes à feu doux en remuant de temps à autre. Ajouter le kirsch et retirer du feu. Laisser refroidir complètement.
2. Préparer la meringue selon la recette.
3. Pendant ce temps, placer le sorbet au réfrigérateur pour qu'il ramollisse.
4. Lorsque la meringue est prête, ajouter le sorbet et mélanger rapidement.
5. Placer les cerises au fond des verres. Couvrir de préparation meringuée. Remplir de vin mousseux et servir immédiatement.

* Si vous ne trouvez pas de cerises fraîches, vous pouvez utiliser des griottes au kirsch en conserve.

Spoom
FRAISES, BASILIC ET VODKA

8 PORTIONS

2 tasses (300 g) de fraises fraîches
1 c. à soupe de sucre
⅓ tasse (80 ml) de vodka
12 feuilles de basilic frais
1 recette de meringue italienne (page 141)
6 tasses (1,5 litre) de sorbet aux fraises
3 tasses (750 ml) de vin mousseux

1. Couper les fraises en tranches. Mettre dans un bol et saupoudrer de sucre. Arroser de vodka et réserver. Hacher le basilic.
2. Préparer la meringue selon la recette.
3. Pendant ce temps, placer le sorbet au réfrigérateur pour qu'il ramollisse.
4. Réserver le tiers de la meringue dans un bol. Mélanger rapidement le reste de la meringue avec le sorbet et le basilic.
5. Dans des verres longs, transférer les fraises et leur jus de macération. Ajouter la moitié du mélange meringué à la fraise. Couvrir d'une couche de meringue nature. Terminer par une dernière couche du mélange meringué à la fraise.
6. Remplir les verres de vin mousseux et servir immédiatement.

Les fraises et la vodka s'entendent à merveille et le basilic vient ajouter sa vivacité à ce spoom qui est sans contredit l'un de mes préférés.

Spoom
AUX FRUITS SECS

Les amateurs
de fruits secs
seront sous
le charme.

8 PORTIONS

1 recette de meringue italienne légère (page 141)
4 tasses (1 litre) de glace au caramel
⅔ tasse (100 g) de raisins secs
½ tasse (125 ml) de cognac
⅓ tasse (50 g) de noisettes hachées
3 tasses (750 ml) de vin mousseux

1. Préparer la meringue selon la recette.
2. Placer la glace au réfrigérateur pour qu'elle ramollisse.
3. Pendant ce temps, placer les raisins secs dans un petit bol. Arroser de cognac et laisser macérer 20 minutes. Égoutter et hacher les raisins secs.
4. Mélanger les noisettes, les raisins secs, la glace au caramel et la meringue.
5. Transférer la préparation dans les verres. Remplir de vin mousseux et servir immédiatement.

Spoom
À L'AVOCAT

Original et revigorant,
ce spoom peut être servi en entrée.

4 PORTIONS

2 avocats
4 c. à soupe de vodka au citron
½ recette de meringue italienne légère (page 141)
2 tasses (500 ml) de glace à l'avocat
2 c. à soupe de coriandre fraîche, hachée
2 c. à soupe de zeste de citron
3 tasses (750 ml) de vin mousseux

1. Tailler les avocats en gros dés. Transférer dans un bol avec la vodka et réserver au réfrigérateur.
2. Préparer la meringue selon la recette.
3. Pendant ce temps, placer la glace au réfrigérateur pour qu'elle ramollisse.
4. Lorsque la meringue est prête, ajouter la coriandre, le zeste de citron et la glace ramollie.
5. Mettre les avocats dans des coupes. Remplir aux deux tiers avec la préparation meringuée.
6. Servir les coupes aux convives et ajouter le vin mousseux.

Spoom D'AUTOMNE AUX MARRONS

Fermez les yeux
pour mieux apprécier
ces parfums d'automne.

6 PORTIONS

- ½ recette de meringue italienne (page 141)
- 2 tasses (500 ml) de glace aux marrons
- ½ tasse (75 g) de marrons rôtis du commerce
- ¾ tasse (200 g) de crème de marron
- 3 tasses (750 ml) de vin mousseux

1. Préparer la meringue selon la recette.
2. Pendant ce temps, placer la glace au réfrigérateur pour qu'elle ramollisse.
3. Couper les marrons rôtis en dés.
4. Lorsque la meringue est prête, ajouter la glace ramollie et les marrons rôtis. Mélanger rapidement.
5. Transférer la préparation meringuée dans les verres. Couvrir d'une fine couche de crème de marron.
6. Remplir de vin mousseux et servir immédiatement.

Spoom
MIMOSA

8 PORTIONS

1 recette de meringue italienne légère (page 141)
4 tasses (1 litre) de sorbet à l'orange
¼ tasse (60 ml) de liqueur à l'orange
3 tasses (750 ml) de vin mousseux

1. Préparer la meringue selon la recette.
2. Pendant ce temps, placer le sorbet au réfrigérateur pour qu'il ramollisse.
3. Lorsque la meringue est prête, ajouter le sorbet et mélanger rapidement.
4. Remplir les verres à moitié de préparation meringuée.
5. Répartir la liqueur à l'orange dans les verres. Remplir de vin mousseux et servir.

Ce célèbre cocktail du matin est encore meilleur dans sa version pour spoomer.

Spoom
À L'ALSACIENNE

6 PORTIONS

3 poires
2 c. à soupe de beurre non salé
½ tasse (100 g) de cassonade
1 tasse (250 ml) de pinot gris d'Alsace
½ recette de meringue italienne légère (page 141)
2 tasses (500 ml) de sorbet aux poires
½ c. à thé (½ c. à café) de muscade râpée
1 ½ tasse (375 ml) de crémant d'Alsace

1. Peler et tailler les poires en dés.
2. Faire fondre le beurre dans un poêlon. Ajouter les poires et faire sauter 1 minute. Ajouter la cassonade et mélanger. Laisser caraméliser 5 minutes. Ajouter le pinot gris et laisser sur le feu jusqu'à évaporation complète. Retirer du feu et réserver.
3. Préparer la meringue selon la recette.
4. Pendant ce temps, placer le sorbet au réfrigérateur pour qu'il ramollisse.
5. Lorsque la meringue est prête, ajouter la muscade et mélanger. Ajouter le sorbet et mélanger rapidement.
6. Placer un fond de préparation meringuée dans les verres. Ajouter les poires et leur jus de cuisson.
7. Remplir les verres de crémant d'Alsace et servir immédiatement.

Nul besoin de couper la poire en deux... faites-en un spoom!

Spoom
AUX TROIS BASILICS

4 PORTIONS

18 feuilles de basilic vert
18 feuilles de basilic pourpre
12 feuilles de basilic thaï
2 c. à soupe de zeste de lime ou de citron vert, râpé
1 recette de meringue italienne légère (page 141)
½ piment jalapeño haché
2 tasses (500 ml) de sorbet au citron
¼ tasse (60 ml) de vodka
2 tasses (500 ml) de vin mousseux

1. Hacher les feuilles de basilic en minces lanières.
2. Dans un bol, mélanger le basilic et le zeste de lime. Réserver.
3. Préparer la meringue selon la recette.
4. Lorsque la meringue est prête, incorporer le basilic et le piment à l'aide d'une cuillère. Ajouter le sorbet et mélanger rapidement.
5. Remplir les verres aux deux tiers de préparation meringuée. Verser un peu de vodka dans chaque verre et compléter avec le vin mousseux.

Ce spoom peut être servi en entrée ou comme dessert. Il est aussi épatant avant un barbecue lors d'une belle soirée d'été.

Spoom
AU CHOCOLAT ET À LA CARDAMOME

Fous de chocolat, voici votre rêve devenu réalité.

4 PORTIONS

½ tasse (125 ml) de sirop de chocolat (page 145)
1 c. à thé (1 c. à café) de cardamome moulue*
½ recette de meringue italienne (page 141)
2 tasses (500 ml) de sorbet au chocolat
2 tasses (500 ml) de vin mousseux

1. Verser le sirop de chocolat dans un bol. Ajouter la cardamome et mélanger.
2. Préparer la meringue selon la recette.
3. Pendant ce temps, placer le sorbet au réfrigérateur pour qu'il ramollisse.
4. Lorsque la meringue est prête, ajouter le sorbet et mélanger rapidement.
5. Remplir des coupes givrées à moitié avec la préparation meringuée. Ajouter du sirop de chocolat.
6. Remplir de vin mousseux et servir immédiatement.

* Vous pouvez remplacer la cardamome moulue par des gousses de cardamome entières que vous laisserez infuser dans le sirop de chocolat pendant 4 heures.

Spoom
À LA FRAMBOISE CROQUANTE

Il convient de déguster ce spoom lentement pour faire durer le plaisir.

8 PORTIONS

½ recette de meringue italienne (page 141)
4 tasses (1 litre) de sorbet aux framboises
2 tasses (300 g) de framboises
1 c. à thé (1 c. à café) d'origan frais, haché
2 grosses meringues cuites*
3 tasses (750 ml) de vin mousseux rosé

1. Préparer la meringue italienne selon la recette.
2. Pendant ce temps, placer le sorbet au réfrigérateur pour qu'il ramollisse.
3. Lorsque la meringue est prête, ajouter le sorbet ramolli, les framboises et l'origan. Mélanger rapidement.
4. Transférer la préparation dans les verres. Garnir de morceaux de meringues cuites.
5. Verser le vin mousseux rosé et servir immédiatement.

*Vous trouverez des meringues croquantes chez les bons pâtissiers.

Spoom
AUX LITCHIS

Le litchi se la joue
en élégance.

4 PORTIONS

½ recette de meringue italienne légère (page 141)
2 tasses (500 ml) de sorbet aux litchis
12 litchis frais ou en conserve
2 tasses (500 ml) de vin mousseux

1. Préparer la meringue selon la recette.
2. Pendant ce temps, placer le sorbet au réfrigérateur pour qu'il ramollisse.
3. Lorsque la meringue est prête, ajouter le sorbet ramolli et mélanger rapidement.
4. Mettre 3 litchis dans chaque verre et ajouter la préparation meringuée.
5. Remplir de vin mousseux et servir immédiatement.

Spoom
DES FÊTES

Mettez la bouteille sur la table. Lorsque vos invités auront terminé leur spoom, rincez les verres avec le vin mousseux restant. Laissez-vous aller, c'est le temps des Fêtes!

10 PORTIONS

⅔ tasse (160 g) de sucre
⅓ tasse (80 ml) de sirop de menthe
1 recette de meringue italienne (page 141)
2 tasses (500 ml) de sorbet aux framboises
2 tasses (500 ml) de sorbet aux pommes vertes
1 c. à thé (1 c. à café) de cannelle moulue
10 bâtons de Noël
6 tasses (1,5 litre) de vin mousseux

1. Étaler le sucre dans une assiette. Mouiller le bord des verres dans le sirop de menthe, puis le passer dans le sucre en pressant légèrement et en tournant pour bien l'enrober. Réserver.
2. Préparer la meringue selon la recette.
3. Pendant ce temps, placer les sorbets au réfrigérateur pour qu'ils ramollissent.
4. Lorsque la meringue est prête, ajouter les sorbets ramollis et mélanger rapidement.
5. Transférer la préparation meringuée dans les verres sucrés.
6. Saupoudrer un peu de cannelle et mettre 1 bâton de Noël dans chaque verre.
7. Servir les verres aux convives et remplir de vin mousseux.

Citations de célèbres spoomers

Depuis des siècles, le spoom a fait le tour des bouches les plus gourmandes et a suscité de nombreuses reparties. Certaines citations sont restées pour preuve du passage d'un spoom dans la vie des plus illustres personnages. En voici quelques-unes.

Et bien qu'ils mangent du spoom.

MARIE-ANTOINETTE

Spoom me up, Scotty!

CAPTAIN KIRK

Spoom it again, Sam.

HUMPHREY BOGART

Vive le spoom libre!

CHARLES DE GAULLE

Yes we spoom!

BARACK OBAMA

Voulez-vous spoomer avec moi ce soir?

LADY MARMALADE

Le spoom. C'est un cadeau de la vie... Ça aide à vivre.

MICHEL TREMBLAY

Le spoom est un luxe; il devrait être un mode de vie.

GÉRARD DEPARDIEU

Spoom
À LA MENTHE GLACÉE

Fraîcheur garantie,
même par temps
de canicule.

4 PORTIONS

½ recette de meringue italienne légère (page 141)
2 tasses (500 ml) de sorbet au citron
1 petit bouquet de feuilles de menthe
¼ tasse (60 ml) de sirop de menthe
3 tasses (750 ml) de vin mousseux

1. Préparer la meringue selon la recette.
2. Pendant ce temps, placer le sorbet au réfrigérateur pour qu'il ramollisse.
3. Lorsque la meringue est prête, ajouter le sorbet et mélanger rapidement. Transférer la préparation dans un contenant allant au congélateur et laisser congeler toute la nuit.
4. Au moment de servir, hacher la menthe finement. Retirer la préparation meringuée du congélateur et faire des boules à l'aide d'une cuillère à glace.
5. Rouler chaque boule dans la menthe. Placer dans des bols et verser un peu de sirop de menthe tout autour.
6. Remplir de vin mousseux et servir immédiatement.

Spoom
BLACK RUSSIAN

4 PORTIONS

½ recette de meringue italienne (page 141)
2 tasses (500 ml) de glace au café
4 c. à soupe de café espresso instantané non dilué
1 tasse (250 ml) de liqueur de café
½ tasse (125 ml) de vodka
Quelques grains de café
3 tasses (750 ml) de vin mousseux

1. Préparer la meringue selon la recette.
2. Pendant ce temps, placer la glace au réfrigérateur pour qu'elle ramollisse.
3. Répartir la meringue dans deux bols. Dans le premier, ajouter la glace au café et mélanger rapidement. Dans le second, ajouter le café espresso instantané et mélanger délicatement à l'aide d'une fourchette.
4. Verser la liqueur de café et la vodka au fond des verres. Remplir de préparation meringuée. Couvrir de meringue à l'espresso. Garnir de grains de café.
5. Servir les verres aux convives et remplir de vin mousseux.

Un dessert original et revigorant
à boire au coin du feu
ou un après-ski idéal
à savourer entre amis.

Spoom
AU PAMPLEMOUSSE

Frais et stimulant,
on l'aime même
le matin.

4 PORTIONS

2 pamplemousses roses
1 recette de meringue italienne légère (page 141)
2 tasses (500 ml) de sorbet au pamplemousse
3 tasses (750 ml) de vin mousseux rosé

1. Peler les pamplemousses à vif et détailler la chair en segments. Mettre au fond des verres et réserver au réfrigérateur.
2. Préparer la meringue selon la recette.
3. Pendant ce temps, placer le sorbet au réfrigérateur pour qu'il ramollisse.
4. Lorsque la meringue est prête, ajouter le sorbet et mélanger rapidement.
5. Remplir les verres à moitié avec la préparation.
6. Remplir de vin mousseux et servir immédiatement.

Spoom
AU CHOCOLAT AU LAIT

8 PORTIONS

1 recette de meringue italienne (page 141)
4 tasses (1 litre) de glace au chocolat
3 tasses (750 ml) de vin mousseux ou de soda

1. Préparer la meringue selon la recette.
2. Pendant ce temps, placer la glace au réfrigérateur pour qu'elle ramollisse.
3. Réserver le quart de la meringue. Mélanger la glace au chocolat ramollie au reste de la meringue.
4. Remplir les verres ou les bouteilles aux deux tiers de préparation meringuée au chocolat. Garnir avec la meringue nature réservée.
5. Remplir de vin mousseux et servir immédiatement.

Ah ! le bonheur de retrouver les saveurs de notre enfance dans un spoom ! Que de beaux souvenirs…

Spoom
À LA BANANE ET À LA CARDAMOME

Banane et cardamome :
un vrai bonheur !

4 PORTIONS

½ recette de meringue italienne (page 141)
2 tasses (500 ml) de glace à la banane*
¼ c. à thé (¼ c. à café) de cardamome moulue
1 oz (30 g) de bananes séchées
½ bouteille (375 ml) de vin mousseux

1. Préparer la meringue selon la recette.
2. Pendant ce temps, placer la glace au réfrigérateur pour qu'elle ramollisse.
3. Lorsque la meringue est prête, ajouter la glace et la cardamome, puis mélanger rapidement.
4. Remplir les coupes aux trois quarts avec la préparation. Garnir de bananes séchées.
5. Arroser de vin mousseux et servir immédiatement.

*Pour faire une glace à la banane, faites tremper des tranches de bananes très mûres dans la crème anglaise encore chaude. Laissez infuser 1 heure et réfrigérez. Retirez les morceaux de banane avant de turbiner la crème.

Spoom
AU PAIN D'ÉPICE

4 PORTIONS

8 oz (250 g) de pain d'épice
½ recette de meringue italienne légère (page 141)
2 tasses (500 ml) de glace au caramel
3 tasses (750 ml) de vin mousseux

1. Tailler le pain d'épice en petits cubes et réserver.
2. Préparer la meringue selon la recette.
3. Pendant ce temps, placer la glace au réfrigérateur pour qu'elle ramollisse.
4. Lorsque la meringue est prête, ajouter la glace et mélanger rapidement.
5. Verser la préparation meringuée dans les verres. Garnir avec le pain d'épice.
6. Remplir de vin mousseux et servir.

Dans ce spoom, le pain d'épice permet de vivre une expérience sensorielle qui réveille joyeusement les papilles.

Spoom
À L'ORANGE SANGUINE

4 PORTIONS

½ recette de meringue italienne (page 141)
2 tasses (500 ml) de sorbet à l'orange sanguine
6 brins de thym frais
2 tasses (500 ml) de vin mousseux

1. Préparer la meringue selon la recette.
2. Pendant ce temps, placer le sorbet au réfrigérateur pour qu'il ramollisse.
3. Transférer le tiers de la meringue dans un bol. Ajouter le thym et mélanger.
4. Ajouter le sorbet ramolli au reste de la meringue et mélanger rapidement.
5. Transférer la préparation meringuée à l'orange dans les verres. Couvrir de meringue au thym.
6. Remplir les verres de vin mousseux et servir immédiatement.

Un rayon de soleil et une mine de vitamines que je mange même au petit-déjeuner !

Spoom
À L'HIBISCUS

4 PORTIONS

½ recette de meringue italienne (page 141)
2 tasses (500 ml) de sorbet à l'hibiscus
2 tasses (500 ml) de vin mousseux rosé

1. Préparer la meringue selon la recette.
2. Pendant ce temps, placer le sorbet au réfrigérateur pour qu'il ramollisse.
3. Lorsque la meringue est prête, ajouter le sorbet ramolli et mélanger rapidement. Transférer le mélange dans un contenant allant au congélateur et congeler 1 heure.
4. À l'aide d'une petite cuillère à glace, prélever des boules dans la préparation congelée et les placer dans les verres.
5. Arroser de vin mousseux et servir immédiatement.

Plus frais que frais
avec son goût
de fleur et d'été,
ce spoom termine
un repas asiatique
avec beaucoup
de raffinement.

Spoom
INFERNAL

4 PORTIONS

⅔ tasse (160 ml) d'absinthe
½ recette de meringue italienne légère (page 141)
2 tasses (500 ml) de glace à la vanille
4 morceaux de sucre
2 tasses (500 ml) de vin mousseux

1. Placer l'absinthe au congélateur pendant 1 heure.
2. Préparer la meringue selon la recette.
3. Pendant ce temps, placer la glace au réfrigérateur pour qu'elle ramollisse.
4. Lorsque la meringue est prête, ajouter la glace et mélanger rapidement.
5. Verser l'absinthe dans les coupes. Remplir les coupes aux deux tiers avec la préparation meringuée.
6. Placer un morceau de sucre sur une cuillère trouée posée sur chaque coupe.
7. Devant les convives, verser le vin mousseux lentement sur le morceau de sucre pour remplir les coupes.

Pas étonnant que Charles Baudelaire, Oscar Wilde, Paul Verlaine, Ernest Hemingway et bien d'autres aient été séduits par l'absinthe. S'ils avaient connu le spoom infernal, qu'auraient-ils bien pu écrire au sujet de la fée verte?

Spoom
À LA GRENADE

8 PORTIONS

1 recette de meringue italienne légère (page 141)
6 tasses (1,5 litre) de sorbet à la grenade
1 ½ tasse (375 ml) de jus de grenade
3 tasses (750 ml) de vin mousseux ou de soda au gingembre

1. Préparer la meringue selon la recette.
2. Pendant ce temps, placer le sorbet au réfrigérateur pour qu'il ramollisse.
3. Lorsque la meringue est prête, ajouter le sorbet et mélanger rapidement.
4. Verser le jus de grenade au fond des verres. Ajouter la préparation meringuée.
5. Remplir de vin mousseux et servir immédiatement.

Les vertus antioxydantes de la grenade ont été amplement célébrées. De plus, ses qualités désaltérantes uniques en font une compagne idéale pour créer une explosion de saveurs.

Spoom
AUX FRUITS EXOTIQUES

8 PORTIONS

1 recette de meringue italienne (page 141)
2 tasses (500 ml) de sorbet à la papaye
2 tasses (500 ml) de sorbet à la mangue
2 kiwis
½ papaye
1 mangue
3 tasses (750 ml) de vin mousseux
1 carambole, en tranches

1. Préparer la meringue selon la recette.
2. Pendant ce temps, placer les sorbets au réfrigérateur pour qu'ils ramollissent. Dans un grand bol, mélanger les deux sorbets et remettre au réfrigérateur.
3. Pendant ce temps, peler les kiwis, la papaye et la mangue. Couper en petits dés, mélanger dans un bol et réserver.
4. Lorsque la meringue est prête, ajouter la moitié du sorbet et mélanger rapidement.
5. Verser le reste du sorbet dans les verres. Couvrir d'une couche de fruits et garnir de préparation meringuée.
6. Verser le vin mousseux, garnir d'une tranche de carambole et servir immédiatement.

Séduisant
pour tous.
Sortez
vos maillots !

Spoom
À LA NAPOLITAINE

Retour
à l'enfance
assuré !

6 PORTIONS

1 recette de meringue italienne (page 141)
1 tasse (250 ml) de glace au chocolat
1 tasse (250 ml) de glace à la pistache
1 tasse (250 ml) de sorbet aux fraises
3 tasses (750 ml) de vin mousseux ou de soda tonique

1. Préparer la meringue selon la recette.
2. Pendant ce temps, placer les glaces et le sorbet au réfrigérateur pour qu'ils ramollissent.
3. Répartir la meringue dans trois bols. Dans le premier bol, mélanger la glace au chocolat ; dans le deuxième, la glace à la pistache; dans le troisième, le sorbet aux fraises.
4. Verser la préparation au chocolat dans les verres. Recouvrir de préparation aux fraises, puis de préparation à la pistache.
5. Remplir les verres de vin mousseux et servir immédiatement.

Spoom
À LA LAVANDE

6 PORTIONS

- 1 recette de meringue italienne légère (page 141)
- 2 tasses (500 ml) de sorbet aux framboises
- ½ tasse (125 ml) de sirop de lavande
- 3 tasses (750 ml) de vin mousseux rosé

1. Préparer la meringue selon la recette.
2. Pendant ce temps, placer le sorbet au réfrigérateur pour qu'il ramollisse.
3. Lorsque la meringue est prête, ajouter le sorbet et mélanger rapidement.
4. Verser le sirop de lavande dans les coupes. Remplir à moitié avec la préparation meringuée.
5. Remplir les coupes de vin mousseux et servir immédiatement.

Pour faire une bordure sucrée sur les verres, trempez le bord dans du sirop de lavande, puis dans du sucre.

Spoom
À L'ABRICOT ET AU ROMARIN

Effluves de Provence
irrésistibles...

4 PORTIONS

1 ⅓ tasse (320 g) de sucre
⅓ tasse (80 ml) d'eau
2 branches de romarin
½ recette de meringue italienne (page 141)
3 tasses (750 ml) de sorbet à l'abricot
8 demi-abricots en conserve
3 tasses (750 ml) de vin mousseux rosé

1. Faire fondre le sucre dans l'eau. Ajouter le romarin et porter à ébullition. Retirer du feu et laisser infuser 30 minutes. Retirer le romarin et ramener le sirop à ébullition.
2. Préparer la meringue selon la recette en utilisant le sirop de romarin.
3. Pendant ce temps, placer le sorbet au réfrigérateur pour qu'il ramollisse.
4. À l'aide du batteur, réduire les abricots en purée lisse et réserver.
5. Lorsque la meringue est prête, ajouter le sorbet et mélanger rapidement.
6. Répartir la purée d'abricots au fond des verres. Ajouter la préparation meringuée. Remplir de vin mousseux et servir immédiatement.

Spoom
AUX FRAISES ET À LA VANILLE

8 PORTIONS

1 recette de meringue italienne (page 141)
2 tasses (500 ml) de glace à la vanille
2 tasses (500 ml) de sorbet aux fraises
1 c. à thé (1 c. à café) de vanille en poudre
2 tasses (500 ml) de vin mousseux rosé

1. Préparer la meringue selon la recette. Pendant ce temps, placer la glace et le sorbet au réfrigérateur pour qu'ils ramollissent.
2. Répartir la meringue dans deux bols. Dans le premier bol, ajouter la vanille et la glace à la vanille, puis mélanger rapidement. Dans le second, ajouter le sorbet et mélanger rapidement.
3. Dresser la préparation meringuée à la vanille dans des bols ou des verres. Couvrir avec la préparation meringuée à la fraise.
4. Servir les verres aux convives et ajouter le vin mousseux.

En été, vous pouvez servir ce spoom gourmand avec un gros bol de fraises fraîches à grignoter.

Spoom
PIÑA COLADA

Pour les nostalgiques
des vacances, profitez-en
pour sortir les vidéos
de votre plus récente croisière.

8 PORTIONS

1 recette de meringue italienne (page 141)
2 tasses (500 ml) de glace à la noix de coco
½ tasse (50 g) de flocons de noix de coco
½ tasse (125 ml) de rhum ambré
2 tasses (500 ml) de sorbet à l'ananas
3 tasses (750 ml) de vin mousseux

1. Préparer la meringue selon la recette.
2. Pendant ce temps, placer la glace au réfrigérateur pour qu'elle ramollisse.
3. Lorsque la meringue est prête, ajouter la glace et mélanger. Ajouter les flocons de noix de coco.
4. Dans de grands verres, verser un fond de rhum. Ajouter une boule de sorbet et couvrir de préparation meringuée à la noix de coco.
5. Servir les verres aux convives et remplir de vin mousseux.

Spoom
AUX POMMES ET AU CALVADOS

4 portions

½ recette de meringue italienne légère (page 141)
2 tasses (500 ml) de sorbet aux pommes vertes ou rouges
¼ tasse (60 ml) de calvados
2 tasses (500 ml) de vin mousseux

1. Préparer la meringue selon la recette.
2. Pendant ce temps, placer le sorbet au réfrigérateur pour qu'il ramollisse.
3. Lorsque la meringue est prête, ajouter le sorbet ramolli et mélanger rapidement.
4. Verser le calvados dans les verres et couvrir de préparation meringuée.
5. Ajouter le vin mousseux et servir immédiatement.

Le classique trou normand devient spoom !

Spoom
À LA MAROCAINE

8 PORTIONS

16 feuilles de menthe
1 recette de meringue italienne légère (page 141)
6 tasses (1,5 litre) de sorbet à la clémentine
½ c. à thé (½ c. à café) de cannelle moulue
¼ c. à thé (¼ c. à café) de ras-el-hanout
3 tasses (750 ml) de vin mousseux
8 dattes Medjool (facultatif)

1. Hacher les feuilles de menthe.
2. Préparer la meringue selon la recette.
3. Pendant ce temps, placer le sorbet au réfrigérateur pour qu'il ramollisse.
4. Lorsque la meringue est prête, mélanger rapidement avec la menthe, la cannelle, le ras-el-hanout et le sorbet ramolli.
5. Remplir des petits verres aux deux tiers avec la préparation meringuée. Remplir de vin mousseux et servir immédiatement avec les dattes.

On retrouve la douceur et le mystère du Maroc dans ce spoom aux arômes chauds et réconfortants.

Spoom
À LA LIMONADE

Été, fraîcheur
et jeunesse au bout
d'une paille.

8 PORTIONS

½ recette de meringue italienne (page 141)
4 tasses (1 litre) de sorbet au citron
3 c. à soupe de zeste de lime ou de citron vert
3 c. à soupe de zeste de citron
4 tasses (1 litre) de limonade

1. Préparer la meringue selon la recette.
2. Lorsque la meringue est prête, la mélanger rapidement avec le sorbet et les zestes.
3. Transférer la préparation dans des moules* en silicone carrés et congeler toute la nuit. (Cette préparation se conserve 3 jours au congélateur.)
4. Démouler les cubes de spoomsicle et les mettre dans des verres hauts.
5. Remplir de limonade et servir immédiatement.

* Si vous n'avez pas de moules carrés, versez la préparation meringuée sur une plaque à pâtisserie recouverte de pellicule plastique que vous placerez au congélateur pendant la nuit. Découpez-la ensuite en cubes à l'aide d'un couteau bien affûté.

Spoom

ASIATIQUE AU SÉSAME NOIR

Ce dessert à la couleur étonnante est une véritable surprise pour terminer un repas en beauté.

4 PORTIONS

½ recette de meringue italienne légère (page 141)
2 tasses (500 ml) de glace au sésame noir (en vente dans les épiceries asiatiques)
1 c. à soupe de graines de sésame noir
2 tasses (500 ml) de vin mousseux

1. Préparer la meringue selon la recette.
2. Pendant ce temps, placer la glace au réfrigérateur pour qu'elle ramollisse.
3. Mettre les deux tiers de la meringue dans un bol. Ajouter les graines de sésame et mélanger délicatement.
4. Ajouter la glace ramollie au reste de la meringue et mélanger rapidement.
5. Transférer la préparation meringuée au sésame noir dans des verres ou des bols. Couvrir avec le mélange de meringue et de graines de sésame noir.
6. Remplir de vin mousseux et servir immédiatement.

Spoom
À LA FRAMBOISE

Avec ses couches meringuées et moelleuses et son savoureux fond de sorbet, ce spoom nous offre toutes les émotions de la framboise.

6 PORTIONS

1 recette de meringue italienne (page 141)
4 tasses (1 litre) de sorbet aux framboises
3 tasses (750 ml) de vin mousseux

1. Préparer la meringue selon la recette.
2. Pendant ce temps, placer le sorbet au réfrigérateur pour qu'il ramollisse.
3. Répartir la meringue dans deux bols. Mettre 3 tasses (750 ml) de sorbet dans l'un des bols et mélanger rapidement.
4. Placer le reste du sorbet dans des verres hauts. Ajouter le tiers de préparation meringuée à la framboise dans chaque verre. Garnir d'une couche de meringue nature.
5. Remplir de vin mousseux et servir.

Spoom
AU MELON ET AU POIVRE DE SICHUAN

Le goût particulier et doux du poivre de Sichuan réveille toutes les sensations gustatives du melon.

4 PORTIONS

- 1 recette de meringue italienne légère (page 141)
- 2 tasses (500 ml) de sorbet au melon*
- 12 feuilles de menthe
- 1 c. à thé (1 c. à café) de poivre de Sichuan moulu
- 2 tasses (500 ml) de vin mousseux doux

1. Préparer la meringue selon la recette.
2. Pendant ce temps, placer le sorbet au réfrigérateur pour qu'il ramollisse.
3. Hacher les feuilles de menthe.
4. Mélanger le sorbet ramolli avec la menthe et le poivre. Réfrigérer.
5. Lorsque la meringue est prête, ajouter le sorbet et mélanger rapidement.
6. Verser le mélange meringué dans les verres. Remplir de vin mousseux et servir immédiatement.

* Si vous faites votre propre sorbet, n'hésitez pas à faire preuve d'audace au moment de choisir vos melons. Le melon Canari et le melon de Cavaillon donnent d'excellents résultats.

Spoom
AU WHISKY
ET AU GRUÉ DE CACAO

4 PORTIONS

½ recette de meringue italienne (page 141)
2 tasses (500 ml) de sorbet au chocolat
⅓ tasse (30 g) de grué de cacao
½ tasse (125 ml) de whisky
3 tasses (750 ml) de vin mousseux doux ou de soda tonique

1. Préparer la meringue selon la recette.
2. Pendant ce temps, placer le sorbet au réfrigérateur pour qu'il ramollisse.
3. Lorsque la meringue est prête, incorporer le grué de cacao à l'aide d'une cuillère.
4. Verser le whisky dans les verres.
5. Remplir les verres au tiers de sorbet au chocolat. Recouvrir les verres de meringue aux deux tiers. Ajouter le vin mousseux doux et servir immédiatement.

Le grué de cacao donne une texture croquante à ce spoom et sa légère amertume crée un heureux contraste avec le goût suave du whisky.

Spoom
À LA TOMATE

Ce spoom peut être servi en entrée, comme une soupe froide. Vous pouvez ajouter 1 c. à soupe de vodka par verre pour lui donner des airs de Bloody Mary.

6 PORTIONS

4 grosses tomates fraîches
2 tasses (500 ml) de sorbet au citron
½ recette de meringue italienne légère (page 141)
Poivre de Cayenne, au goût
6 branches de céleri
3 tasses (750 ml) de vin mousseux

1. À l'aide d'un petit couteau, faire une incision en «x» sous les tomates avant de les plonger 2 minutes dans l'eau bouillante. Mettre les tomates dans un bol d'eau glacée. Égoutter et retirer la peau.
2. À l'aide du batteur, réduire les tomates en purée lisse. Mélanger avec le sorbet. Transférer la préparation dans un contenant peu profond et réserver au congélateur toute la nuit.
3. Préparer la meringue selon la recette. Ajouter le poivre de Cayenne et mélanger.
4. Sortir le granité à la tomate du congélateur et gratter la surface à l'aide d'une fourchette. Transférer rapidement les cristaux dans les verres.
5. Garnir chaque verre de meringue pimentée et décorer d'une branche de céleri.
6. Remplir les verres de vin mousseux et servir.

Spoom
AU NOUGAT

Doux, tendre…
tout simplement alléchant !

8 PORTIONS

½ recette de meringue italienne légère (page 141)
4 tasses (1 litre) de glace au nougat ou à la vanille
4 oz (125 g) de nougat aux amandes
3 tasses (750 ml) de vin mousseux

1. Préparer la meringue selon la recette.
2. Pendant ce temps, placer la glace au réfrigérateur pour qu'elle ramollisse. Découper le nougat en petits dés.
3. Lorsque la meringue est prête, incorporer la glace. Ajouter le nougat et mélanger délicatement.
4. Transférer la préparation dans les verres. Remplir de vin mousseux et servir immédiatement.

Spoom
AU THÉ MATCHA

Une fusion
exquise
pour amateurs
avertis.

4 PORTIONS

½ recette de meringue italienne légère (page 141)
2 tasses (500 ml) de sorbet au thé matcha
2 tasses (500 ml) d'eau gazeuse ou de vin mousseux

1. Préparer la meringue selon la recette.
2. Pendant ce temps, placer le sorbet au réfrigérateur pour qu'il ramollisse.
3. Lorsque la meringue est prête, ajouter le sorbet et mélanger rapidement.
4. Remplir les verres aux deux tiers avec la préparation meringuée.
5. Remplir les verres d'eau gazeuse.

Spoomsicle
AUX JUJUBES

Pour tous les amateurs de bonbons, grands et petits.

8 PORTIONS

½ recette de meringue italienne (page 141)
6 tasses (1,5 litre) de glace à l'orange
1 c. à thé (1 c. à café) de gingembre moulu
½ tasse (100 g) de jujubes de toutes les couleurs
3 tasses (750 ml) de vin mousseux doux ou de soda au gingembre

1. Préparer la meringue selon la recette.
2. Pendant ce temps, placer la glace au réfrigérateur pour qu'elle ramollisse.
3. Lorsque la meringue est prête, mélanger rapidement avec le gingembre, la glace à l'orange et les jujubes.
4. Verser le mélange dans des moules à sucettes glacées. Fermer les contenants et congeler au moins 12 heures.
5. Au moment de servir, sortir les spoomsicles du congélateur et servir dans des verres remplis de vin mousseux.

Spoom

SHIRLEY TEMPLE

6 PORTIONS

1 recette de meringue italienne (page 141)
2 tasses (500 ml) de sorbet à l'orange
⅔ tasse (160 ml) de sirop de grenadine
3 tasses (750 ml) de soda au gingembre
6 cerises au marasquin

1. Préparer la meringue selon la recette.
2. Pendant ce temps, placer le sorbet au réfrigérateur pour qu'il ramollisse.
3. Placer le sorbet ramolli dans un bol. Ajouter le sirop de grenadine et mélanger. Remettre au réfrigérateur.
4. Lorsque la meringue est prête, ajouter le sorbet et mélanger rapidement.
5. Remplir les verres à moitié de préparation meringuée.
6. Remplir les verres de soda au gingembre. Garnir d'une cerise au marasquin et servir.

Inspiré du cocktail inventé
dans les années 1930
pour la célèbre enfant star.

Spoom
PRINTANIER

Pour nous remettre
en forme après un long hiver.

6 PORTIONS

½ recette de meringue italienne (page 141)
2 tasses (500 ml) de glace à l'orange
2 tasses (500 ml) de sorbet aux fruits de la passion
3 fruits de la passion
2 c. à soupe de liqueur à l'orange
2 tasses (500 ml) de vin mousseux

1. Préparer la meringue selon la recette.
2. Pendant ce temps, placer la glace au réfrigérateur pour qu'elle ramollisse.
3. Lorsque la meringue est prête, ajouter la glace et mélanger rapidement.
4. Remplir le tiers des coupes avec la préparation meringuée. Placer une boule de sorbet dans chaque verre.
5. Couper les fruits de la passion en deux et prélever les graines à l'aide d'une petite cuillère. Parsemer les graines sur les boules de sorbet.
6. Dans chaque coupe, verser 1 c. à thé (1 c. à café) de liqueur à l'orange. Remplir de vin mousseux et servir immédiatement.

Spoom
À LA PISTACHE

6 PORTIONS

1 recette de meringue italienne légère (page 141)
2 tasses (500 ml) de glace à la pistache
3 tasses (750 ml) de vin mousseux

1. Préparer la meringue selon la recette.
2. Pendant ce temps, placer la glace au réfrigérateur pour qu'elle ramollisse.
3. Lorsque la meringue est prête, ajouter la glace ramollie et mélanger rapidement.
4. Remplir les verres aux trois quarts de préparation meringuée.
5. Verser le vin mousseux dans les verres et servir immédiatement.

Servez ce spoom accompagné d'un bol de pistaches que vous grignoterez en finissant la bouteille de vin mousseux.

Spoom
À LA VANILLE

4 PORTIONS

½ recette de meringue italienne (page 141)
2 tasses (500 ml) de glace à la vanille
1 c. à thé (1 c. à café) de vanille en poudre
3 tasses (750 ml) de vin mousseux ou de soda au gingembre

1. Préparer la meringue selon la recette.
2. Pendant ce temps, placer la moitié de la glace au réfrigérateur pour qu'elle ramollisse. Réserver l'autre moitié au congélateur.
3. Lorsque la meringue est prête, ajouter la vanille en poudre et la glace ramollie.
4. Verser la préparation dans des coupes.
5. Ajouter une petite boule de glace à la vanille dans chaque coupe.
6. Remplir de vin mousseux et servir immédiatement.

D'une grande simplicité, ce spoom très élégant plaira à tous vos convives.

Spoom
À LA CITROUILLE

Une tarte à la citrouille
version nouveau millénaire!

6 PORTIONS

1 recette de meringue italienne (page 141)
2 tasses (500 ml) de glace à la vanille
1 ½ tasse (350 g) de purée de citrouille
1 c. à thé (1 c. à café) de muscade râpée
3 tasses (750 ml) de vin mousseux

1. Préparer la meringue selon la recette.
2. Pendant ce temps, placer la glace au réfrigérateur pour qu'elle ramollisse.
3. Mélanger la purée de citrouille et la glace ramollie.
4. Mettre la moitié de la meringue dans un bol et mélanger délicatement avec la muscade.
5. Mélanger le reste de la meringue avec la préparation à la citrouille.
6. Transférer la préparation meringuée à la citrouille dans des verres.
7. Recouvrir d'une belle couche de meringue à la muscade.
8. Remplir de vin mousseux et servir.

Spoom
À LA PARISIENNE

Toute l'effervescence
de la Ville lumière
dans un petit verre.

6 PORTIONS

½ recette de meringue italienne légère (page 141)
2 tasses (500 ml) de sorbet aux raisins blancs
2 c. à soupe de muscat de Beaumes-de-Venise
2 tasses (500 ml) de vin mousseux
6 petites grappes de raisins de Corinthe

1. Préparer la meringue selon la recette.
2. Pendant ce temps, placer le sorbet au réfrigérateur pour qu'il ramollisse.
3. Mélanger le sorbet et la meringue. Congeler jusqu'au moment de servir.
4. Verser le muscat dans les coupes et les remplir aux deux tiers avec la préparation meringuée.
5. Remplir de vin mousseux et servir.
6. Déguster avec une grappe de raisins de Corinthe à grappiller négligemment.

Spoom
POUR DEUX

Ce spoom spécial pour amoureux se sert avec des pailles et une seule cuillère. Faut-il insister sur les vertus aphrodisiaques du gingembre ?

2 PORTIONS

½ recette de meringue italienne légère (page 141)
1 tasse (250 ml) de sorbet au gingembre
2 fruits de la passion
2 tasses (500 ml) de vin mousseux

1. Préparer la meringue selon la recette.
2. Pendant ce temps, placer le sorbet au réfrigérateur pour qu'il ramollisse.
3. Couper les fruits de la passion en deux. Retirer et réserver les graines.
4. Répartir la meringue dans deux bols. Au premier, ajouter le sorbet et mélanger rapidement. Au second, ajouter les grains des fruits de la passion.
5. Transférer la préparation meringuée au gingembre au fond de grands verres et couvrir de meringue aux fruits de la passion.
6. Remplir de vin mousseux et déguster à deux.

Spoom
À LA QUÉBÉCOISE

Le sirop d'érable parfume légèrement la meringue dans ce dessert d'une grande délicatesse.

8 PORTIONS

4 blancs d'œufs
1 ¼ tasse (310 ml) de sirop d'érable
4 tasses (1 litre) de glace ou de sorbet à l'érable
½ tasse (125 ml) de cidre de glace
3 tasses (750 ml) de vin mousseux

❶ À l'aide du batteur électrique, monter lentement les blancs d'œufs en neige.

❷ Dans une petite casserole, porter le sirop d'érable à ébullition et laisser bouillir 2 minutes. Retirer du feu et verser très lentement dans les blancs d'œufs en fouettant sans cesse à basse vitesse.

❸ Lorsque tout le sirop est incorporé, continuer de battre les blancs d'œufs à haute vitesse jusqu'à refroidissement complet du mélange.

❹ Pendant ce temps, placer la glace au réfrigérateur pour qu'elle ramollisse.

❺ Mélanger la moitié de la meringue avec la glace à l'érable.

❻ Répartir le reste de la meringue dans des coupes. Couvrir de meringue à l'érable.

❼ Ajouter un peu de cidre de glace dans chaque verre. Remplir de vin mousseux et servir immédiatement.

Spoom
À LA PÊCHE ET À LA GRENADINE

4 PORTIONS

- 3 pêches jaunes ou blanches
- 1 c. à soupe de jus de citron
- ½ recette de meringue italienne (page 141)
- 2 tasses (500 ml) de sorbet aux pêches
- ½ tasse (125 ml) de sirop de grenadine
- 3 tasses (750 ml) de vin mousseux

1. Peler* et couper les pêches en quartiers. Mettre dans un bol et arroser de jus de citron. Réserver.
2. Préparer la meringue selon la recette.
3. Pendant ce temps, placer le sorbet au réfrigérateur pour qu'il ramollisse.
4. Lorsque la meringue est prête, ajouter le sorbet et mélanger rapidement.
5. Placer quelques quartiers de pêche dans chaque verre et arroser de sirop de grenadine.
6. Remplir les verres aux deux tiers avec la préparation meringuée.
7. Remplir de vin mousseux et servir immédiatement.

*Pour peler les pêches, faites une petite incision en «x» sous chacune à l'aide d'un petit couteau. Plongez-les 30 secondes dans une casserole d'eau bouillante. Égouttez-les, puis mettez-les dans un bol d'eau glacée. Retirez la peau avec le bout de vos doigts.

Peu importe la variété de pêches, le plaisir reste le même.

Spoom
AUX POIRES ET AUX PAILLETTES D'OR

4 PORTIONS

½ recette de meringue italienne légère (page 141)
2 tasses (500 ml) de sorbet aux poires
3 c. à soupe de liqueur contenant des paillettes d'or
2 tasses (500 ml) de vin mousseux

1. Préparer la meringue selon la recette.
2. Pendant ce temps, placer le sorbet au réfrigérateur pour qu'il ramollisse.
3. Lorsque la meringue est prête, ajouter le sorbet ramolli et mélanger rapidement.
4. Verser la liqueur dans les verres. Couvrir de préparation meringuée à la poire.
5. Servir les verres aux convives avant de remplir de vin mousseux.

Ce spoom peut aussi être servi pour rafraîchir vos invités au milieu d'un repas gourmand.

Recettes de base

MERINGUE ITALIENNE

1 ¼ tasse (300 g) de sucre
⅓ tasse (75 ml) d'eau
4 blancs d'œufs

1. Dans une casserole à fond épais, faire fondre le sucre dans l'eau. Porter à ébullition et cuire 2 minutes, jusqu'à complète dissolution.
2. Dès que le sucre est dissous, mettre les blancs d'œufs dans un bol et battre en neige à vitesse moyenne à l'aide du batteur électrique.
3. Verser le sirop de sucre lentement sur les blancs d'œufs sans cesser de battre à la vitesse la plus basse.
4. Lorsque le sirop de sucre est incorporé, augmenter la vitesse et continuer de fouetter la meringue jusqu'à ce qu'elle refroidisse.

- La meringue sera ferme, brillante et lisse.
- La meringue peut être utilisée immédiatement ou être réfrigérée jusqu'à 48 heures. Si vous la réfrigérez, il faut la fouetter de nouveau pendant quelques minutes avant de l'utiliser.
- Cette meringue peut être congelée pour un usage ultérieur.
- Le meilleur moyen de fouetter les blancs d'œufs est d'utiliser un batteur sur socle ou un batteur électrique. Comme mon père pâtissier, vous pouvez aussi les fouetter à la main.

MERINGUE ITALIENNE LÉGÈRE

⅔ tasse (160 g) de sucre
¼ tasse (50 ml) d'eau
4 blancs d'œufs
½ c. à thé (2 g) de crème de tartre

1. Dans une petite casserole à fond épais, mélanger le sucre (sauf 2 c. à soupe) et l'eau. Porter à ébullition à feu moyen en remuant à l'aide d'une cuillère de bois. Retirer du feu et réserver.
2. Dans un grand bol, battre les blancs d'œufs jusqu'à ce qu'ils soient mousseux. Ajouter la crème de tartre et le sucre réservé. Continuer de battre jusqu'à formation de pics fermes.
3. Remettre le sirop de sucre sur le feu et porter à ébullition. Laisser bouillir 1 minute.
4. Verser le sirop lentement sur les blancs d'œufs en fouettant à vitesse moyenne*. Lorsque tout le sirop est absorbé, augmenter la vitesse et fouetter 6 minutes.
5. Utiliser immédiatement pour conserver un maximum de volume.

*Prenez soin de verser le sirop dans les blancs d'œufs loin des batteurs. Si le sirop est versé directement sur les batteurs, il sera projeté vers les parois du bol sans être incorporé à la meringue.

SORBET AUX FRUITS

DONNE 1 LITRE (4 TASSES)

3 lb (1,5 kg) de fruits frais
1 c. à soupe de jus de citron
1 tasse (240 g) de sucre
¾ tasse (175 ml) d'eau

1. Peler et dénoyauter les fruits si nécessaire. Réduire en purée lisse à l'aide du robot culinaire. Ajouter le jus de citron et réserver.
2. Faire fondre le sucre dans l'eau à feu doux, puis porter rapidement à ébullition 1 minute. Retirer du feu et laisser refroidir.
3. Ajouter le sirop à la purée de fruits et mélanger.
4. Transférer le mélange dans une sorbetière et turbiner en suivant les indications du fabricant. Si l'on n'a pas de sorbetière, transférer la préparation dans un récipient que l'on placera au congélateur jusqu'à ce qu'elle durcisse. Poser une feuille de pellicule plastique directement sur la préparation pour éviter tout contact avec l'air.

SORBET AU CHOCOLAT

7 oz (200 g) de chocolat noir 70 %
¾ tasse (180 g) de sucre
2 tasses (500 ml) d'eau

1. Hacher le chocolat. Préparer un grand bol plein de glaçons.
2. Dans une casserole, faire fondre le sucre dans l'eau. Porter à ébullition et retirer du feu. Ajouter le chocolat et mélanger 3 minutes.
3. Mettre la casserole dans le bol de glaçons. Fouetter lentement le mélange jusqu'à ce qu'il soit refroidi.
4. Verser le mélange dans une sorbetière et turbiner selon les indications du fabricant. Si l'on n'a pas de sorbetière, transférer la préparation dans un récipient à congélation. Poser une feuille de pellicule plastique directement sur le dessus pour éviter tout contact avec l'air et congeler 3 heures. Sortir la préparation, transférer dans un bol et battre. Remettre la préparation dans le récipient, couvrir de pellicule plastique et remettre au congélateur au moins 4 heures.

Coulis Mangue
Sirop Chocolat
Coulis Framboise

SIROP DE CHOCOLAT

DONNE 1 LITRE (4 TASSES)

8 oz (250 g) de chocolat noir
1 ¼ tasse (300 ml) de lait condensé non sucré
¼ tasse (60 g) de sucre
2 tasses (500 ml) de crème
1 c. à thé (1 c. à café) de vanille

1. Casser le chocolat en petits morceaux.
2. Dans une casserole, à feu doux, faire fondre le chocolat dans le lait condensé.
3. Ajouter le sucre et la crème. Porter à ébullition en mélangeant à l'aide d'un fouet. Retirer du feu immédiatement.
4. Ajouter la vanille et laisser refroidir. Conserver le sirop dans un pot.

Vous pouvez conserver ce sirop trois jours au réfrigérateur. Avant de servir, il faudra le réchauffer au bain-marie afin qu'il retrouve son onctuosité.

COULIS DE FRUITS

3 ⅓ tasses (500 g) de fraises ou d'autres fruits, au goût
1 ¼ tasse (300 g) de sucre
1 c. à soupe de jus de citron

1. Peler et dénoyauter les fruits si nécessaire.
2. Couper les fruits en petits morceaux et les mettre dans le bol d'un robot culinaire.
3. Ajouter le sucre et le jus de citron. Mixer 2 minutes.
4. Passer le mélange dans un chinois ou une passoire fine placé au-dessus d'un bol. Jetez les grains.
5. Verser le coulis dans un pot. Servir immédiatement ou conserver au congélateur jusqu'à 3 mois.

Pour un coulis de mangue, remplacez le jus de citron par du jus d'orange et diminuez le sucre de moitié.

Remerciements

Le spoom est un merveilleux entremets qui a su séduire tant de gens et réunir tant d'amis.

Je dois souligner le soutien de mon éditeur Jean Paré et de son équipe, qui ont accepté de se jeter dans les bulles sans réserve. Le rythme que j'ai cherché à donner à mon livre leur a plu immédiatement.

Puis, près de moi, mon équipe de spoomers gourmands : mes fidèles assistantes, l'une en cuisine, Dominique, avec qui le long labeur devient joie. L'autre, à la gestion des milliers d'idées de spooms et à la correction, Francesca, qui sent les erreurs comme je sens le caramel réussi. Et le charmant Julien qui est devenu un as de la dégustation et un véritable spoomaniaque !

Je remercie mes copains Robert et Richard, du Havre aux glaces, ainsi que mon ami Pierre, du Glacier Bilboquet, pour leur contribution de sorbets et de glaces aux saveurs plus vraies que vraies. À Élaine, chez Breville : grâce à votre batteur sur socle, j'ai pu fouetter beaucoup de meringue ! À Maryse et Dino, chez Monsieur Basilic, merci de me surprendre avec vos herbes fraîches. Merci à Paul-A. de la Maison Revol pour sa collaboration. Une belle bande de sérieux spoomers.

À ma sœur Danielle, qui fait la meilleure glace à la banane, oups ! j'ai dévoilé ton secret...

Et, bien sûr, sans photos il n'y a pas de plaisir des yeux, si important en gastronomie. Mon complice de toujours, Philip, a fait des photos savoureuses avec son œil de gourmand.

Spoom un jour, spoom toujours !

Index

Les Éditions Transcontinental
1100, boul. René-Lévesque Ouest, 24e étage
Montréal (Québec) H3B 4X9
Téléphone: 514 392-9000 ou 1 800 361-5479
www.livres.transcontinental.ca

Pour connaître nos autres titres, consultez
www.livres.transcontinental.ca.
Pour bénéficier de nos tarifs spéciaux s'appliquant
aux bibliothèques d'entreprise
ou aux achats en gros, informez-vous au
1 866 800-2500 (et faites le 2).

Catalogage avant publication de Bibliothèque
et Archives nationales du Québec
et Bibliothèque et Archives Canada

Jourdan, Andrea
Spoom!: desserts envoûtants
Comprend un index.

ISBN 978-2-89472-589-4

1. Desserts. 2. Smoothies. 3. Sorbets. 4. Sirops. I. Titre.

TX773.J68 2011 641.86 C2011-942164-X

Coordination de la production et révision:
Linda Nantel
Conception graphique et mise en pages:
Marie-Josée Forest
Impression: Transcontinental Interglobe

Imprimé au Canada

Dépôt légal – Bibliothèque et Archives nationales
du Québec, 4e trimestre 2011
Bibliothèque et Archives Canada

Nous reconnaissons l'aide financière du gouvernement
du Canada par l'entremise du Fonds du livre
du Canada pour nos activités d'édition.

Nous remercions également la SODEC de son appui
financier (programmes Aide à l'Édition et Aide à la
promotion).

ASSOCIATION NATIONALE DES ÉDITEURS DE LIVRES

Les Éditions Transcontinental sont
membres de l'Association nationale
des éditeurs de livres.